L'ORACLE DE LA *Voie divinatoire*

DU MÊME AUTEUR, CHEZ LE MÊME ÉDITEUR

Le Grand Grimoire des fées et des lutins, 2023.
Connexion avec tes guides, 2023.
Le petit Oracle des énergies cosmiques, 2022.
L'Oracle des fées et des lutins, 2021.

Illustrations : © Clémentine Rocheron.
Création maquette et mise en pages :
Bénédicte Souffrant – PCA-CMB.

ISBN : 978-2-84933-864-3

www.editions-tredaniel.com
info@guytredaniel.fr
www.facebook.com/tredanieleso
@tredaniel_eso

Kévin Piranio
Illustré par Clémentine Rocheron

L'ORACLE DE LA *Voie divinatoire*

Guidances de l'âme

Éditions **CONTRE-DIRES**
19, rue Saint-Séverin
75005 Paris

Sommaire

Les guidances de l'âme

Les cartes de libération

47
Vies antérieures

Remerciements

À mes deux compagnons de route,

À mon @universdecarole,

À ma famille,

À celles et ceux qui me font confiance à travers mes énergies,

À Clémentine pour son talent,

À mon éditeur pour sa confiance,

À toutes les fées qui rendent ce projet magique, et particulièrement à Isabelle et Chloé.

À propos de l'auteur

Depuis son plus jeune âge, Kévin est connecté aux énergies et aux mondes qui l'entourent. Sa personnalité et sa boussole du cœur l'ont constamment guidé : il a expérimenté de nombreuses situations qui l'aideront plus tard à guider les autres. Ses alliés du monde invisible ont toujours occupé une place importante dans sa vie. Il est intuitif et connecté, et ses capacités et sa communication avec l'invisible se sont amplifiées avec le temps.

Avec la confirmation de ses guides, il a décidé il y a quelques années de créer sur les réseaux sociaux «Atelier des lutins» pour guider les personnes qui croisent sa route.

Kévin reçoit des messages de l'invisible et il les transmet sous forme de guidances pour éclairer le monde.

Il est auteur, chez le même éditeur, de nombreux oracles et d'un grimoire permettant d'offrir de précieuses clés pour révéler la magie du quotidien.

Kévin propose de nombreux ateliers, des séances d'hypnose spirituelle (régression de vies antérieures, communication avec les guides et l'âme) ou encore des guidances.

Vous pouvez le retrouver sur internet *via* ses différents réseaux sociaux:

www.atelierdeslutins.net
@atelier_des_lutins
@atelier_des_lutins
@atelierdeslutins

Vous pouvez aussi lui écrire par mail:
contact.atelierdeslutins@gmail.com

À propos de l'illustratrice

Clémentine Rocheron est directrice artistique et illustratrice. Elle communique ses idées de manière inventive et originale pour mettre en lumière des projets qui lui tiennent à cœur sur différents supports de communication : illustrations, identité de marque, packagings, affiches, mise en pages et gestion de projets.

Retrouvez son travail sur :

www.clementinerocheron.com
@hiclementine_

Introduction

L'*Oracle de la voie divinatoire* vous accompagnera sur votre chemin aussi loin que possible. Il sera un parfait allié pour évaluer les situations vécues sur l'instant en projetant de la lumière sur votre présent, votre futur et bien au-delà. Rien n'est figé, recevoir de précieuses informations permettra d'avancer avec sérénité et épanouissement.

Le cours du temps n'est jamais fixe, et grâce aux clés reçues, vous pouvez toujours faire en sorte qu'il soit le plus léger et le plus lumineux possible. Chaque tirage permettra l'introspection,

l'analyse et le questionnement; vous aurez alors tous les éléments pour puiser en vos énergies de libre arbitre et ainsi choisir la voie à suivre. L'oracle aidera également à la libération des nœuds énergétiques.

Rappel: aucun tirage, aucun texte de cet oracle ne remplace ou ne se substitue à un traitement ou un avis d'un professionnel de santé, ni ne prend aucune décision à votre place. L'auteur et l'éditeur ne sauraient être tenus pour responsables d'une utilisation abusive ou d'une mauvaise compréhension de l'ouvrage et de son contenu.

Comprendre l'oracle

VOTRE VIBRATION, LES CONDITIONS ET LES CARTES

Prenez soin de cet oracle. Vous pouvez utiliser les cartes pour vous ou pour une autre personne, à condition que vous vous entendiez bien avec elle. Si le tirage concerne quelqu'un d'autre, vous devez toujours avoir son accord, et il vous faudra systématiquement lui transmettre les messages avec une totale transparence. Un oracle est personnel, je vous invite à ne pas le laisser à la portée d'autres personnes. L'oracle est accessible par tous et répondra à quiconque souhaite éclaircir sa route.

NETTOYAGE DES CARTES

Après acquisition de l'oracle, vous pouvez le nettoyer et créer un lien de plusieurs façons : vous pouvez le passer dans une fumée d'encens ou de sauge, souffler dessus en disant par exemple : « Je demande à l'Univers et à mes guides de purifier les cartes », ou visualiser une belle lumière blanche qui vient envelopper le coffret et les cartes.

Écoutez vos propres ressentis pour créer ce lien. Quand les choses sont faites avec le cœur, vous ne pouvez pas vous tromper. Si une autre personne a utilisé l'oracle, je vous invite à le purifier de nouveau afin de couper tout lien énergétique avec celle-ci.

Utilisation

Une fois purifié, votre oracle est prêt à être utilisé. Vous pouvez vous en servir autant de fois que vous le souhaitez. Les cartes peuvent être tirées pour une situation précise ou pour avoir un aperçu des étapes qui vous attendent. Le tirage prend en compte les paramètres à l'instant T et les choix que vous avez en tête. Les lignes du temps peuvent bouger, et grâce à cet oracle, vous aurez une longueur d'avance et un atout précieux. L'Univers délivrera toujours les clés utiles et nécessaires pour votre âme ; et recevoir cet allié était écrit.

Pour tirer les cartes, vous pouvez vous installer dans un endroit calme et confortable. Prenez une grande inspiration suivie d'une grande expiration. Posez votre question à voix basse ou intérieurement. Il n'y a pas de formule type. Vous ne pouvez pas vous tromper, l'essentiel est de vous faire confiance. Vous possédez toujours le libre arbitre et tout dépend de vous, vous êtes le capitaine de votre vie. Une fois votre question posée, vous pouvez alors prendre les cartes en mains, puis les mélanger. Étalez les cartes devant vous, faces cachées, puis piochez-en une ou plusieurs en fonction de vos ressentis du moment et de la méthode de tirage sélectionnée.

Si le tirage est réalisé pour une autre personne, vous aurez à formuler la demande de la même façon.

Signification positive / négative

Parfois j'emploie les termes «positif» ou «négatif». Chacun possède sa propre définition de ce qui est positif ou non en fonction de son parcours et de son prisme. Vous êtes invité à juger par vous-même quelle carte est positive et quelle carte est moins joyeuse. Fiez-vous à votre parcours de vie pour la déterminer.

Par exemple, si je vous montre un coffre rempli d'or, vous ressentirez probablement de la positivité et de la joie. Un sentiment de sécurité peut vous envahir. Si je vous montre en revanche l'image d'un orage, vous ressentirez tout de suite que les vibrations sont plutôt négatives.

Carte à l'endroit / à l'envers

Certaines cartes auront des significations à l'endroit et d'autres à l'envers, comme la carte « énergie féminine » ou la carte « âge ». Les textes indiqueront si le sens, « à l'endroit » ou « à l'envers », a une importance.

Pour les autres cartes, le sens n'a aucun impact. Toutefois, si vous souhaitez prêter attention à l'orientation de la carte, alors écoutez-vous. Ce sens peut vous délivrer des informations supplémentaires. Par exemple, une carte renversée peut représenter l'inverse de la symbolique citée.

Carte sauteuse

Lorsque vous mélangez les cartes et que l'une d'entre elles saute du tas, mettez-la de côté. Ce message vient à vous et délivrera une information très importante.

Signification et interrogation

Si vous ne comprenez pas le message du livre et de la carte sur le moment, piochez une carte supplémentaire et placez-la à côté de celle que vous avez déjà choisie. Ainsi, vous pourrez faire des associations et déceler le message.

Si vous ne comprenez toujours pas le message du livre et de la carte, laissez un temps d'infusion; parfois, ce n'est pas encore le bon moment pour avoir la clé que vous attendez.

Quand le tirage ne veut rien dire, je vous conseille de revenir plus tard pour tirer les cartes, car les clés ne sont pas encore en place pour être délivrées. Il manque probablement un élément pour la situation en question.

Les cartes sont contradictoires

Si deux cartes opposées sortent dans le même tirage, elles vous rappelleront toujours de ramener l'équilibre dans la situation annoncée par les cartes.

Le mental

Les cartes vous apporteront toujours les réponses essentielles, les informations dont vous avez besoin pour évoluer, et non celles que vous souhaitez entendre. Il est donc important de ne pas poser plusieurs fois la même question, et ce même si la réponse ne vous convient pas. La relation avec votre oracle doit être la plus pure possible, avec un cœur ouvert, qu'importe le résultat. Plus vous lâcherez les attentes, plus l'aide de cet oracle sera intense et profonde.

Les méthodes de tirages

LE TIRAGE INTUITIF DU MOMENT

La meilleure méthode de tirage, c'est celle qui prend en compte vos ressentis du moment. Le but de ce tirage est de développer votre confiance et d'écouter vos facultés extrasensorielles. Vous seriez bluffé des super-pouvoirs que vous détenez déjà, il suffit juste d'essayer. Avec « le tirage intuitif du moment », vous piochez autant de cartes que vous le souhaitez et vous les associez.

LE CONSEIL DU MOMENT À UNE CARTE

Si vous n'avez pas de problématique particulière, vous pouvez poser

simplement la question: quel est le message à recevoir actuellement? Piochez ensuite une carte et référez-vous à la symbolique décrite dans ce livre.

LES TROIS CARTES À ASSOCIER POUR LE QUOTIDIEN

Piochez trois cartes et associez-les pour recevoir des clés. Ce sont les conseils du moment en fonction d'une question précise. Si vous n'avez pas spécialement de problématique ciblée, vous pouvez poser la question suivante: « Quels sont les messages à recevoir en ce moment? » Si vous souhaitez ajouter d'autres cartes à ces trois premières sélections, c'est possible. Chassez toutefois les excès, ne piochez pas cinquante-trois cartes sur les cinquante-six.

LE TIRAGE POUR UNE SITUATION PRÉCISE À TROIS CARTES

Vous pouvez poser une question sur une situation précise, du type: « D'où vient le blocage par rapport à cette situation ? » « Quels sont mes messages pour le mois de janvier ? » ou encore: « Comment ma situation professionnelle va-t-elle évoluer ? » Une fois la question posée, à voix haute ou intérieurement, prenez l'oracle dans vos mains. Mélangez les cartes. Vous pouvez couper le tas en deux si vous en ressentez l'envie. Rassemblez ensuite les deux tas, puis étalez les cartes devant vous, faces cachées. Tirez-en trois. La première représente la situation actuelle. La deuxième identifie le blocage, la zone à travailler. Elle peut également révéler une indication majeure pour l'âme du consultant. La troisième carte vous envoie le conseil de l'Univers.

LE TIRAGE DE LA CROIX À CINQ CARTES

Vous pouvez poser une question sur une situation précise. Par exemple: «Quel est le message à recevoir pour ma situation sentimentale ?» Une fois la question posée, à voix haute ou intérieurement, prenez votre oracle en mains et mélangez vos cartes. Vous pouvez couper le tas en deux si vous en ressentez l'envie. Rassemblez ensuite les deux tas, puis étalez les cartes devant vous, faces cachées. Tirez-en quatre et placez-les en forme de croix.

Pour obtenir la carte numéro 5, il faudra additionner tous les numéros inscrits sur les quatre premières cartes du tirage. Une fois le total obtenu, réduisez ce dernier pour obtenir un nombre compris entre 1 et 55. Le nombre trouvé indiquera le numéro de la carte à lire; c'est la réponse à votre questionnement.

CARTE 1 : la situation actuelle.

CARTE 2 : Le blocage, la zone à travailler. Elle peut également révéler une indication majeure pour l'âme du consultant dans les quatre prochaines semaines.

CARTE 3 : le conseil de l'Univers.

CARTE 4 : Le résultat du questionnement, une clé pour le consultant.

CARTE 5 : le résultat du questionnement.

Exemple: la somme des quatre cartes est égale à 132. Je réduis ce nombre: 1+3+2 = 6. Le résultat à lire est donc la symbolique de la carte numéro 6. Si vous souhaitez déterminer si la réponse à la question est positive ou non, observez la carte et percevez si elle vous évoque de la joie. Vous aurez alors votre réponse.

LA PYRAMIDE DE LUMIÈRE À SIX CARTES

Vous pouvez poser une question sur une situation précise. Par exemple: « Quel est le message à recevoir pour ma situation professionnelle? » Une fois la question posée, à voix haute ou intérieurement, prenez votre oracle en mains et mélangez vos cartes. Vous pouvez couper le tas en deux si vous en ressentez l'envie. Rassemblez ensuite

les deux tas, puis étalez les cartes devant vous, faces cachées. Tirez-en six et placez-les en forme de pyramide.

CARTE 1 : la situation actuelle.

CARTE 2 : Le blocage, la zone à travailler. Elle peut également révéler une indication majeure pour l'âme du consultant.

CARTE 3 : le conseil de l'Univers.

CARTE 4 : l'avantage pour le consultant. Si la carte est perçue comme négative, elle traduira un conseil précieux pour l'âme.

CARTE 5 : le déroulement de la situation.

CARTE 6 : le résultat du questionnement.

CARTE SUPPLÉMENTAIRE : vous pouvez tirer une ou deux autres cartes pour avoir plus de précisions sur votre tirage.

LE TIRAGE DES PROCHAINES SEMAINES À SEPT CARTES

Installez-vous confortablement et posez la question suivante : « Quelles sont les énergies des prochaines semaines ? » Mélangez vos cartes. Vous pouvez couper le tas en deux si vous en ressentez l'envie. Rassemblez ensuite les

deux tas, puis étalez les cartes devant vous, faces cachées. Tirez-en sept.

CARTE 1 : la lumière sur votre état intérieur du moment, la compréhension de vos blocages.

CARTE 2 : les conseils importants.

CARTE 3 : la compréhension de la sphère sentimentale.

CARTE 4 : la lumière sur votre vie financière et matérielle.

CARTE 5 : la mission de vie et le domaine professionnel, la compréhension de votre chemin.

CARTE 6 : les relations sous toutes leurs formes, à quoi vous attendre.

CARTE 7 : les obstacles du mois, redoubler d'efforts. Elle peut également révéler des clés importantes pour que le consultant ressente plus de légèreté.

LE TIRAGE DE L'ANNÉE À DOUZE CARTES

Installez-vous confortablement et posez cette question: «Quels sont les conseils pour les douze prochains mois?» Mélangez vos cartes. Vous pouvez couper le tas en deux si vous en ressentez l'envie. Rassemblez ensuite les deux tas, puis étalez les cartes devant vous, faces cachées. Tirez-en douze. La première représente le mois de janvier. La deuxième carte, le mois de février et ainsi de suite jusqu'au mois de décembre. Chaque début de mois, lisez le texte relatif à la carte choisie. Vous y découvrirez une clé pour avancer en toute sérénité.

LE TABLEAU DU TEMPS À SEIZE CARTES

Pour ce tirage, le questionnement sera : « Quelles sont les informations à recevoir pour les trois à six prochains mois ? » Installez-vous confortablement. Mélangez vos cartes. Vous pouvez couper le tas en deux si vous en ressentez l'envie. Rassemblez ensuite les deux tas, puis étalez les cartes devant vous, faces cachées. Tirez seize puis faites quatre lignes de quatre cartes. Interprétez votre tirage en additionnant les cartes à l'horizontale puis à la verticale. Vous pouvez vous aider du livre pour comprendre les symboliques. Vous y découvrirez des clés pour avancer en toute sérénité dans les prochains mois. Les quatre cartes au centre sont les indications et les événements les plus importants pour votre avenir.

Les quatre cartes au centre (6, 7, 10 et 11) sont les indications et les événements les plus importants pour votre avenir.

Les guidances de l'âme

1
Les nouvelles

Cette carte annonce des nouvelles et des informations supplémentaires qui arriveront prochainement (par mail, par courrier ou par téléphone). Pour avoir plus de précisions, vous pouvez piocher ou l'associer à une autre carte.

2
Énergie masculine

Cette carte représente un homme ou une personne avec des énergies masculines très marquées. Il interviendra dans votre vie et jouera un rôle important. L'individu est beaucoup dans l'action avec des énergies d'affirmation dominantes ; c'est ce qui révélera son identité.

« Énergie masculine » conseille également de nourrir vos énergies de masculin sacré, c'est-à-dire d'être davantage dans l'action.

Les autres cartes du tirage dévoileront des informations complémentaires quant au rôle de cette personne. Si, dans le même tirage, la carte « énergie féminine » est tirée, cela signifie que plusieurs personnes interviendront prochainement dans votre vie.

Carte à l'endroit

Un homme et/ou une personne aux énergies masculines aux cheveux foncés.

Carte à l'envers

Un homme et/ou une personne aux énergies masculines aux cheveux clairs.

3
Énergie féminine

Cette carte représente une femme ou une personne avec des énergies féminines très marquées. Elle interviendra dans votre vie et jouera un rôle important. Cette personne possède un sens inné de la créativité, elle déborde d'inspiration et elle est très connectée à son intuition ; c'est ce qui révélera son identité.

« Énergie féminine » conseille également de nourrir vos énergies de féminin sacré, c'est-à-dire d'être à l'écoute de votre intuition et de faire preuve de créativité en puisant dans votre inspiration.

Les autres cartes du tirage dévoileront des informations complémentaires quant au rôle de cette personne. Si, dans le même tirage, la carte « énergie masculine » est tirée, cela signifie que plusieurs personnes interviendront prochainement dans votre vie.

Carte à l'endroit

Une femme et/ou une personne aux énergies féminines aux cheveux foncés.

Carte à l'envers

Une femme et/ou une personne aux énergies féminines aux cheveux clairs.

4
Favorable

Cette carte indique que des vibrations favorables sont envoyées par rapport aux questionnements. Dans un tirage, elle vient adoucir les doutes et les situations. Elle allège l'esprit et apporte la tranquillité si des cartes déstabilisantes apparaissent. Vous êtes placé dans une position bénéfique, et ce, sans que vous ayez grand-chose à faire. « Favorable » indique que les feux sont au vert, l'Univers s'occupe de tout.

5

Défavorable

Il est préférable de revoir certains plans afin d'éviter des détours involontaires en cours de route. Lors d'un tirage, cette carte peut faire peur ; pourtant, elle est une grande alliée pour être à même de faire la différence entre la voix du cœur et la manipulation de l'ego. Défavorable ne veut pas dire impossible, mais une voie désavantageuse risque d'être empruntée.

6
Travail

Votre âme est prête à manier de nouveaux outils et à se lancer dans de grands défis, notamment au niveau professionnel. Dirigez vos énergies vers ce domaine, le reste suivra. Une étape qui annonce un renouveau (de nouveaux outils, un quotidien plus épanouissant, un changement d'horizon ou de secteur).

7
Repos

Malgré toute votre bonne volonté, l'heure n'est pas à l'effort. Les énergies sont à placer dans les loisirs. Un ressourcement est nécessaire afin d'avoir suffisamment d'énergie pour la prochaine étape qui se présentera. Si vous êtes déjà en pleine action, prévoyez vite des moments de repos au risque de frôler l'épuisement physique, émotionnel ou psychologique.

Un voyage ou une routine quotidienne de détente sont annoncés avec cette carte.

8
Changement

Quitter un emploi, être dans une posture de changement ou déménager, c'est ce qui est annoncé avec cette carte. Les autres cartes du tirage vous diront si le moment est bénéfique. Les changements interviendront physiquement ou de façon symbolique.

9

Timing divin

C'est le moment de remettre les choses à demain. Ne rien faire sera bien plus profitable pour le consultant. Il manque certains éléments qui arriveront au fil du temps. Certains paramètres ne sont pas pris en compte ou sont encore inconnus. Patience...

10

Le contrat

Il y a une signature ou une concrétisation dans l'air. La carte symbolise également des démarches, un contrat ou un engagement nouveau. Il peut même être question de mariage ou d'achat d'un bien. Une nouvelle vision est en train d'émerger et elle fera naître des démarches officielles qui s'inscriront dans la durée.

11
Protection

La protection est confirmée. Vous êtes accompagné d'un gardien qui vous protège en toute circonstance et cette carte le précise. Il n'y a pas grand-chose à faire ; c'est une période riche en connexion avec vos guides. Une bonne étoile veille sur vous. Les dangers, s'il y en a, seront écartés par une force invisible. « Protection » annule les cartes ressenties « négativement » lors du tirage.

Sur votre chemin, continuez à protéger votre jardin secret et vos nouveaux projets.

Non
Oui
12
La réponse

Si cette carte apparaît sans questionnement précis, elle invite le consultant à se faire confiance.

Dans le cas d'une interrogation précise

Si elle apparaît dans le tirage à la suite d'une interrogation précise, voici plus de précisions :

Si le tirage de carte est effectué entre le 1er et le 14 du mois inclus, la carte indique un « PEUT-ÊTRE ». Un temps d'infusion de trois jours minimum est nécessaire pour comprendre les signes et savoir quel chemin emprunter.

Si le tirage de carte est effectué entre le 15 et le 23 du mois inclus, la carte indique un « NON ». Cela ne se déroulera pas comme souhaité. Il est nécessaire d'être plus flexible par rapport à ce que vous vivez.

Si le tirage de carte est effectué entre le 24 et le dernier jour du mois inclus, la carte indique un « OUI ». Vous pouvez avoir pleinement confiance en vos ressentis actuels. De belles choses arrivent.

Exemple : si le tirage se déroule le 13 août, l'information de la carte indique un « PEUT-ÊTRE ».

13

Rôle de l'âme

La situation dans laquelle vous vous trouvez fait partie du choix de l'âme. Ce chemin était prévu avant l'incarnation. Continuez dans cette direction car vous avez un rôle à jouer. Ne mettez pas de masque, restez vous-même dans l'histoire.

14

Mise en scène

Attention, une illusion vous berce actuellement.

Que se cache-t-il derrière ces rideaux ? Une mascarade est en cours. Que ce soit un double jeu de la part d'une personne, un ego qui déforme la réalité ou des paroles en l'air, la vigilance est recommandée. Il est conseillé de vous placer en tant que spectateur de la scène afin d'ôter certains masques.

Cette carte signifie également que la situation que vous rencontrez est orchestrée par l'Univers afin de vous faire vivre un apprentissage. Vous ne serez plus la même personne après avoir vécu cette histoire.

15

Les fondations

Cette carte indique que vos bases sont solidement ancrées. Même si des petites secousses interviennent dans votre vie, les fondations seront assez solides pour maintenir votre édifice en place. Vous détenez de précieux atouts pour conserver votre alignement.

Plus de précisions concernant cette carte

Si cette carte est à l'envers ou si elle est associée dans le tirage à une carte que vous percevez comme « négative », elle transmettra alors le message suivant :

il est l'heure de consolider certaines bases. Quelques éléments sont manquants ou ne sont plus d'actualité, ce qui risque de compromettre votre sérénité et votre bien-être intérieur à la moindre petite secousse (alignement du corps physique, écoute intérieure, énergie apportée dans une relation ou au travail, par exemple). Cette carte invite à bâtir de nouvelles fondations pour renforcer votre sentiment de sécurité.

16
Le consultant

Vous avez reçu tout ce qui est nécessaire et toutes les cartes sont en votre possession. Connectez-vous à votre libre arbitre, les planètes s'aligneront d'elles-mêmes. L'oracle ne peut transmettre davantage d'informations pour le moment.

17

Cadeaux

C'est une période riche en cadeaux et en surprises. Les énergies d'abondance sont en hausse et le consultant récolte les lauriers. Avec cette carte, il est question de bonnes affaires. Éloges, félicitations et gains sont annoncés. Elle annule les cartes perçues comme négatives dans le tirage.

18

Les affaires

Cette carte parle d'affaires. Toutefois, si vous avez envie de défi, d'engagement et de pari, il est préférable de ne pas mettre tous vos œufs dans le même panier.

Associée à la carte « mise en scène », elle évoque une mauvaise affaire ou des petites pertes. Elles seront uniquement matérielles et seul l'ego sera touché. Il faudra agir différemment à l'avenir.

Si « les nouvelles » apparaissent dans le tirage, cette carte rappelle que certaines réponses sont négatives afin de laisser place à des chemins plus fructueux.

19
Révélations

On vous remarque sous un autre angle. Que ce soit le résultat d'une démonstration face à un public ou grâce à une révélation, vous osez progressivement dévoiler de nouvelles facettes de votre être. Cette carte vous encourage à affronter les situations rencontrées, et ce, même si l'impression de nager à contre-courant est présente. Vous mènerez la bataille haut la main et votre courage sera applaudi.

Vous êtes invité à tirer les choses au clair avec certaines personnes pour ainsi vous faire respecter. Si vous ne défendez pas votre territoire, vous risquez de vous laisser abuser.

20
Festivités

Le consultant est enveloppé d'énergies festives. Vous participerez à une fête ou à une réunion d'âmes, et un élément sera transmis pendant celle-ci.

Plus de précisions concernant cette carte

Si la carte est tirée entre le 1er et le 5 du mois inclus : un moment de partage, un dîner avec des proches (famille, amis ou collègues).

Si la carte est tirée entre le 6 et le 12 du mois inclus : la période des fêtes de Noël.

Si la carte est tirée entre le 13 et le 18 du mois inclus : la période de votre mois d'anniversaire. Si cette période est éloignée, laissez du temps aux éléments pour qu'ils se mettent en place.

Si la carte est tirée entre le 19 et le 24 du mois inclus : une période précise qui se répète chaque année à la même période.

Si la carte est tirée entre le 25 et le dernier jour du mois inclus : pendant les grandes vacances, l'été.

21
Quatre saisons

Cette carte indique une période pour le consultant. Les autres cartes du tirage donneront plus de précisions.

Plus de précisions concernant cette carte

Si la carte est tirée entre le 1er et le 12 du mois inclus : la période des trois prochains mois.

Si la carte est tirée entre le 13 et le 16 du mois inclus : la période des six prochains mois.

Si la carte est tirée entre le 17 et le 22 du mois inclus : l'année en cours. C'est une année décisive pour l'âme.

Si la carte est tirée entre le 23 et le dernier jour du mois inclus : plus d'un an pour arriver aux résultats souhaités. Les situations s'aligneront progressivement.

22
Clés de l'univers

Une clé sera donnée par l'Univers afin de guider le consultant.

Plus de précisions concernant cette carte

Prenez toutes les cartes de cet oracle sauf celles déjà sélectionnées pour le tirage.

Piochez une carte au hasard.

Observez le numéro sur la carte et référez-vous à la symbolique ci-dessous.

Si le numéro comporte deux chiffres, réduisez-le (voir exemple ci-dessous).

Exemples :

Si la carte est numérotée 12 : additionnez 1 + 2 = 3 ; la clé à lire ci-dessous est la numéro 3.

Si la carte est numérotée 10 : additionnez 1 + 0 = 1 ; la clé 1 est pour le consultant.

Si la carte numérotée est 7, la clé 7 est à lire.

Indications sur la clé attribuée par l'univers

CLÉ 1 : une rentrée d'argent.
CLÉ 2 : des nouvelles / des résultats.
CLÉ 3 : une motivation.
CLÉ 4 : une rencontre.
CLÉ 5 : une communication.
CLÉ 6 : un déblocage de situation.
CLÉ 7 : une marche arrière.
CLÉ 8 : un plan B.
CLÉ 9 : un imprévu bénéfique / un événement.

23
Purification

Des perturbations énergétiques sapent votre équilibre et cela se ressent sur les situations vécues. Votre taux vibratoire est en baisse et une remise à zéro énergétique s'impose. Une purification de votre être (sauge, soin énergétique) et une harmonisation de lieu doivent être effectuées afin que vous retrouviez la légèreté d'antan.

Les réactions sont démesurées, extrêmes et parfois même violentes. Ne tentez pas de rentrer dans ce cercle vicieux et opposez-vous aux vibrations de jalousie, d'envie ou de concurrence en prenant du recul. Cette route ne mènera nulle part. Affirmez votre autorité quand le masque de votre ego apparaît.

24
Cycle de vie

Quelque chose se termine. Cette carte ne représente pas uniquement la mort physique, elle peut être symbolique. Une phase finale est toujours suivie par un nouveau départ, et c'est ce qui s'apprête à se produire dans la vie du consultant. Elle indique une mort qui interviendra dans la matière. Ce n'est pas forcément le décès de quelqu'un : ce peut être la fin d'une relation ou l'arrêt d'un travail par exemple. Si vous avez vécu une perte récemment ou que vous êtes en deuil, accordez-vous le temps nécessaire pour accueillir le renouveau.

Une mort est toujours guidée et suivie par la lumière.

25
Leader

Le consultant doit endosser une posture de leader et être sa propre autorité. Toutes les aptitudes sont présentes afin de se démarquer et clamer son indépendance. Cette carte indique que vous avez toutes les qualités pour encourager, soutenir et guider les autres vers l'épanouissement.

Faites les choses par vous-même, n'attendez pas grand-chose de l'extérieur. Il faudra parfois prendre les devants pour obtenir les confirmations attendues.

26

Tensions et disputes

L'état émotionnel que vous rencontrez va continuer de progresser. Vous devez vous adapter à ce climat instable afin de maintenir votre équilibre intérieur.

Certains paramètres ne sont pas alignés et débouchent sur des tensions. La colère et l'énervement sont palpables. L'invitation à mettre les choses au clair avec douceur et légèreté est recommandée afin de résoudre la situation vécue. L'impulsivité et l'agressivité ne mèneront à rien.

Les débats et les pertes d'énergie sont inutiles car les longueurs d'ondes ne sont pas alignées. Un éloignement, une rupture à court ou long terme seront bénéfiques. Prenez le large pour accorder vos violons et savoir quoi faire.

27
Blessure de l'âme

Une blessure de l'âme s'active pour le consultant.

Plus de précisions concernant cette carte

Si la carte est tirée entre le 1er et le 12 du mois inclus : blessure de trahison.

Si la carte est tirée le 13 ou le 14 du mois : blessure de l'humiliation.

Si la carte est tirée entre le 15 et le 18 du mois inclus : blessure d'abandon.

Si la carte est tirée entre le 19 et le 22 du mois inclus : blessure du rejet.

Si la carte est tirée le 23 ou le 24 du mois : blessure d'injustice.

Si la carte est tirée entre le 25 et le 28 du mois inclus : besoin de reconnaissance.

Si la carte est tirée entre le 29 et le dernier jour du mois inclus : besoin de plus de temps pour mettre en lumière l'origine de la blessure. Les événements futurs la révéleront.

Comment alléger le poids de cette blessure de l'âme ?

Si la carte est tirée entre le 1er et le 12 du mois inclus : écrire une lettre de libération des émotions (lettre, méthode de Jacques Martel : les bonshommes allumettes).

Si la carte est tirée le 13 ou le 14 du mois : travailler sur l'inconscient (hypnose, méditation guidée).

Si la carte est tirée entre le 15 et le 18 du mois inclus : besoin de plus de temps, la méthode de libération sera placée sur la route du consultant.

Si la carte est tirée entre le 19 et le 22 du mois inclus : lire un livre sur les blessures, un article de blog, visionner une vidéo.

Si la carte est tirée le 23 ou le 24 du mois : travailler sur les vies antérieures et les schémas karmiques.

Si la carte est tirée entre le 25 et le 28 du mois inclus : faire le deuil d'une situation.

Si la carte est tirée entre le 29 et le dernier jour du mois inclus : s'aider des liens du quotidien (échanger avec la famille, les amis).

28
Équilibre intérieur

Cette carte parle de maladie physique ou émotionnelle. Le consultant doit prendre soin de sa santé et de son équilibre intérieur.

Offrir de son temps et de sa personne n'est pas la priorité. De nombreux signaux sont envoyés à travers votre corps physique, et si vous ne les écoutez pas, vous risquez d'impacter votre équilibre (maladie, stress, épuisement émotionnel, frustration...). Avec cette carte, les dés ne sont pas joués, le. consultant peut encore se ressaisir. Soyez davantage connecté à la matière.

«Équilibre intérieur» annonce également des examens prochains nécessaires à la santé et au bien-être du consultant.

Associée avec la carte «quatre saisons», elle signifie qu'un rendez-vous aura lieu prochainement.

29

Émotions positives

La vague émotionnelle intense dans laquelle est placé le consultant depuis quelque temps touche à sa fin. Des émotions plus positives émergent de ce déferlement intérieur. C'est une météo plus clémente qui est annoncée avec un vent d'énergie positive.

30
L'élan

Le consultant est comme un poisson dans l'eau et son énergie est dans un taux vibratoire élevé. Vous vous apprêtez à faire un saut dans l'inconnu. Les enseignements de ces dernières années sont à disposition pour voir au-delà des doutes et des peurs. Vous vous dirigez vers le bonheur et c'est un véritable élan de motivation qui vous gagne.

Cette carte indique que l'harmonie et la paix envelopperont le consultant à court terme.

31
Chute libre

Ce n'est pas un saut, c'est la chute libre. Les questionnements incessants font émerger la peur en vous. L'inconnu fait naître beaucoup de blocages et cette carte confirme que vous n'êtes pas réellement prêt.

La situation dans laquelle vous vous trouvez est différente du choix de l'âme avant l'incarnation, et certaines cartes ont besoin de temps pour être redistribuées.

32

Boîte de Pandore

Le consultant est manipulé par l'ego. Cela vient alors voiler certaines intentions et les énergies de tentation s'activent. L'invitation à se ressaisir et à se recentrer sur le cœur est de mise pour être dans des énergies vibratoires plus élevées. Si vos pulsions ne sont pas domptées, vous risquez de faire n'importe quoi ; une trahison pourrait avoir lieu.

33
La création

Une grande énergie de créativité envahit le consultant. Cette carte indique également une phase où la sexualité et les désirs de l'être sont en hausse. Respectez vos envies et exprimez ce fluide afin de permettre l'alignement de votre être et de vos énergies.

Une naissance arrive. Elle peut être réelle ou symbolique (naissance d'un projet, nouvelle vision, grossesse ou création). Quelque chose se crée à partir de votre vibration.

Associée à la carte « amour », elle indique beaucoup de passion et de sexualité à venir.

34
Sphère spirituelle

La partie spirituelle de votre être doit être alimentée afin de trouver l'équilibre attendu. Le travail de l'esprit, puiser en vos facultés extra-sensorielles ou croire davantage à l'invisible peuvent comporter un avantage. Cette carte vous invite à vous ouvrir à une dimension plus grande.

Si vous utilisez déjà la voie de la spiritualité régulièrement, cette carte vous encourage à continuer.

35
La matière

Le monde de la matière n'est pas à mettre de côté. Vous devez prendre conscience que vous avez besoin de cette sphère pour mettre en place vos projets. Ce domaine doit être pris en compte et vu comme un puissant allié pour pouvoir atteindre vos objectifs. Sans lui, vous ne pouvez ancrer votre vibration. Actuellement, un rejet de ce monde est actif, ce qui bloque la fluidité dans votre vie.

Cette carte précise également que le consultant est autodidacte. Votre âme apprend d'elle-même et vous êtes invité à inscrire dans la matière ce que vous percevez dans l'invisible (peinture, décoration ou création d'oracle par exemple).

36
Liens d'âmes

Votre famille d'âmes peut vous accompagner dans les situations que vous traversez. Le moment est favorable pour vous y connecter. Des liens d'âmes se reconnaissent par leurs centres d'intérêts, leurs visions et par cette haute énergie vibratoire qui émane de leurs échanges.

La carte indique des connexions et des projets avec des personnes de la même famille d'âmes. Elle symbolise également l'amitié, les liens profonds et sincères. Des rencontres et des échanges puissants avec cette famille d'âmes permettront de recharger vos batteries.

37
Amour

Insufflez de l'amour dans les situations que vous rencontrez, c'est la clé !

Le domaine sentimental est sous le feu des projecteurs. L'âme du consultant est prête à ouvrir son cœur et à accorder le temps nécessaire à ce domaine. C'est une période propice à la fusion des sentiments et toutes les énergies sont orientées vers cette sphère. S'ouvrir, déclarer sa flamme ou encore dire « je t'aime » sont les maîtres-mots de cette carte.

Si vous êtes en couple, la carte annonce une relation plus fusionnelle, une vie de couple épanouie. Si vous êtes célibataire, une rencontre est annoncée avec des échanges emplis de désir et de passion.

Si cette carte apparaît alors que votre questionnement n'est pas en lien avec le domaine sentimental, vous êtes invité à vous donner de la valeur et à vous aimer davantage. Dites-vous « je t'aime » ; le temps y est favorable.

Associée à la carte « mise en scène », si vous êtes en couple, cette carte vous invite à offrir plus d'énergie et plus de temps à votre vie de couple afin d'harmoniser les vibrations du duo. Faites le premier pas pour envisager la légèreté. Si vous êtes célibataire, faire le deuil du passé vous permettra de libérer les chaînes invisibles qui entravent la sphère sentimentale.

38

Les liens troubles

Les liens ne sont pas totalement clairs et le trouble s'installe dans l'esprit du consultant. Deux personnes ne sont pas sur la même longueur d'ondes ou une personne n'est pas prête et /ou ne veut pas faire d'efforts. Malgré toute la bonne volonté et les énergies déployées, il y a comme un blocage. Les autres cartes du tirage dévoileront des informations supplémentaires.

Les relations peuvent même vous étouffer et «les liens troubles» est une mise en garde contre un vent de solitude. Attention à ne pas débattre inutilement, au risque de perdre votre énergie. Apprenez à dire non.

39
Mémoires familiales

Un héritage familial s'active. Ce schéma répétitif, conscient ou inconscient, que d'autres membres de votre lignée ont déjà vécu, est rejoué par simple fidélité. Ce peut être en lien avec l'argent, avec une dépendance affective ou à travers un mode de fonctionnement. Cette mémoire familiale se rejoue depuis de nombreuses générations et vous êtes le maillon capable de briser ce schéma toxique.

Le consultant, grâce à sa force et à sa vibration, peut libérer toutes les générations. Les autres cartes du tirage donneront plus de précisions.

À l'endroit

Un héritage familial touchant les liens masculins de la famille (grand-père, père, oncle, frère...).

À l'envers

Un héritage familial touchant les liens féminins de la famille (grand-mère, mère, tante, sœur...).

Comment se libérer de cet héritage familial?

Si la carte est tirée entre le 1er et le 5 du mois inclus, utilisez l'hypnose ou une thérapie de l'âme.

Si la carte est tirée entre le 6 et le 12 du mois inclus, écrivez une lettre de libération ou utilisez la méthode de libération de Jacques Martel: les bonshommes allumettes.

Si la carte est tirée entre le 13 et le 18 du mois inclus, c'est une libération avec la méthode de votre choix.

Si la carte est tirée entre le 19 et le 24 du mois inclus, passez à l'action et ouvrez votre cœur autour de vous.

Si la carte est tirée entre le 25 et le dernier jour du mois inclus, de l'aide et une rencontre arrivent.

40
Aide

Le consultant doit demander de l'aide et accepter qu'on lui prête main-forte. Vous serez prochainement guidé et on vous apportera du réconfort. Si vous êtes dans de belles énergies, offrez, vous aussi, de votre temps à autrui.

41

Apprentissage

Les compétences et les connaissances du consultant s'enrichissent (formation, conférences...). Un enseignement pour l'âme a lieu afin que vous vous sentiez plus légitime dans ce que vous transmettez.

Cette carte vous invite également à mettre en pratique vos acquis si vous avez reçu une formation durant ces douze derniers mois.

42
Pouvoir guérisseur

Cette carte parle de magnétisme. Chaque individu possède en lui une vibration qui lui est propre. Cela ne s'explique pas, les énergies de votre être et votre personnalité rayonnent positivement vers l'extérieur et font du bien (sur un proche, sur une situation ou sur un projet, par exemple). Vous devez prendre conscience de votre faculté magnétique, l'offrir et l'utiliser plus fréquemment.

Exprimez vos dons et vos perceptions qui apportent du réconfort ! Vous êtes un véritable guérisseur de l'âme.

Votre énergie émanera sur le domaine des cartes associées. Avec cette carte, le temps est favorable pour mettre à profit vos capacités, votre énergie et vos talents.

43
Déni

Cette carte parle d'autosabotage. Le consultant place un voile sur la réalité. « Déni » indique que vous vous cachez depuis bien trop longtemps derrière le passé. Les paramètres ont évolué depuis, et cette phase de déni n'a que trop duré. Vous êtes poussé à regarder la réalité en face. Les émotions vous bousculeront certes au début, mais une paix intérieure s'installera ensuite. Un temps d'intégration pour laisser infuser cette information pourrait être nécessaire. Écartez tout jugement.

44
L'équilibre

Cette carte évoque l'équilibre. Le questionnement est légitime et vous vous posez les bonnes questions. Votre regard est juste.

Lorsqu'elle est associée à la carte « équilibre intérieur », vous êtes invité à ramener l'équilibre dans votre vie. Les autres cartes du tirage indiqueront si vous êtes ou non dans l'harmonie.

45
L'au-delà

Un contact avec l'au-delà intervient. Une entité, un défunt ou un guide souhaitent entrer en contact avec l'âme du consultant pour transmettre un message sur les situations rencontrées. Une aide pour traduire cette communication interviendra.

Votre canal médiumnique se développe. Vous possédez des pouvoirs que certains appellent « dons » ou « facultés médiumniques ». Révélez-les !

L'au-delà et l'invisible sont parties prenantes de votre mission d'âme.

46

Les noeuds

Certains nœuds sont à défaire. Ce peuvent être des schémas intérieurs ou des relations à éclaircir. Ce qu'il se passe aujourd'hui est le résultat de vos actions d'hier. La pelote de laine invite à démêler les situations rencontrées.

Plus de précisions concernant cette carte

Si la carte est tirée entre le 1er et le 12 du mois inclus : des nœuds sont libérés.

Si la carte est tirée le 13 ou le 14 du mois : un schéma se libère.

Si la carte est tirée entre le 15 et le 22 du mois inclus : une blessure est à comprendre.

Si la carte est tirée le 23 ou le 24 du mois : vous portez un nouveau regard sur des personnes ou sur une situation.

Si la carte est tirée entre le 25 et le 28 du mois inclus : plus d'épanouissement arrive. Les nœuds se démêlent sans que vous ayez grand-chose à faire.

Si la carte est tirée entre le 29 et le dernier jour du mois inclus : attention à ne pas vous perdre en chemin.

Les cartes associées donneront plus de précisions. Vous pouvez vous aider des activités de libération fournies pour favoriser la libération.